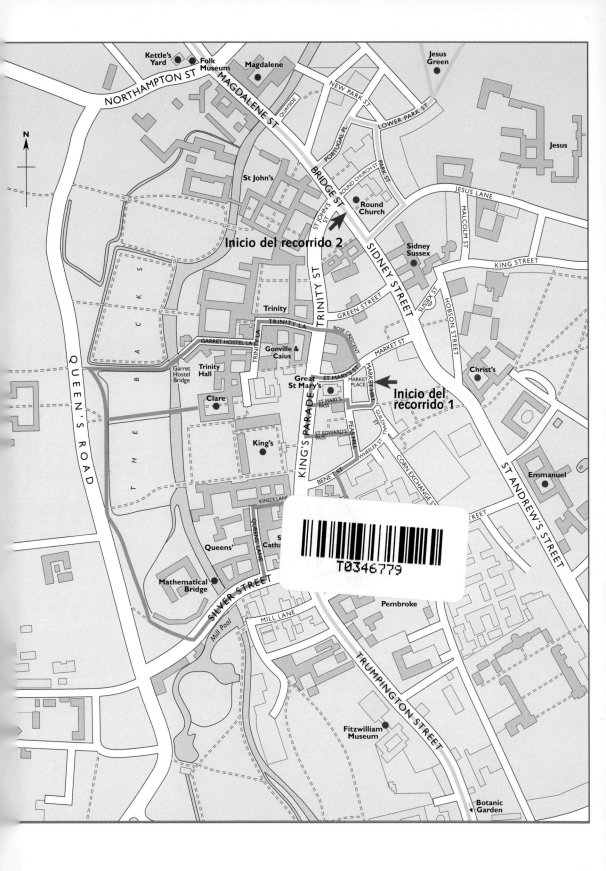

Bienvenidos

Cambridge, con sus antiguas bellezas, es una ciudad de primicias. Cuando visite los colegios y disfrute de las vistas que ofrece el río Cam, recuerde que los descubrimientos hechos aquí cambiaron nuestra forma de vivir. Isaac Newton revolucionó la ciencia y la teoría de la selección natural de Charles Darwin echó por tierra siglos de creencias. Charles Babbage fue un pionero en la información electrónica, Frank Whittle desarrolló el motor a reacción y Ernest Rutherford y su equipo fueron los primeros en desintegrar el átomo. Cuando visite los colegios, podrá ver dónde vivieron y trabajaron estos grandes científicos mientras disfruta de los maravillosos edificios, capillas y salas, jardines y patios, así como de su incomparable arquitectura. También encontrará excelentes tiendas, museos, cafeterías y restaurantes, bateas en el río y calles peatonales, en una unión perfecta de antigüedad y modernismo.

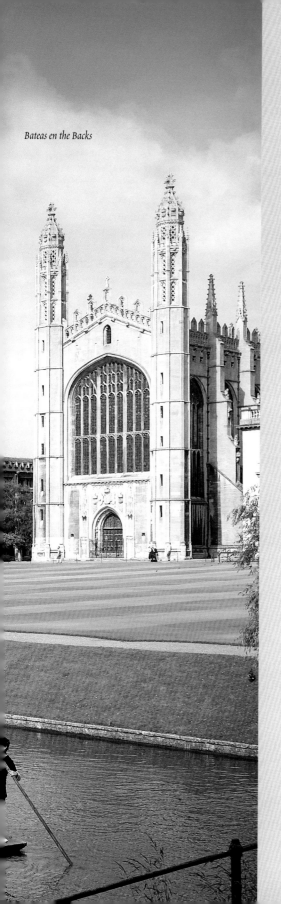

Bateas en the Backs

Una breve historia

Los romanos, indomables invasores, establecieron aquí una comunidad, construyendo un fuerte para defender el cruce del camino a Colchester con las principales rutas hacia el norte y el oeste. Este asentamiento, en la actual Castle Hill, se convirtió en un pueblo. Luego llegaron los sajones y crearon otro asentamiento, al que llamaron Grantabrycge, al sur del río, cerca de Market Hill. Se construyó un puente sobre el río Granta, antiguo nombre del Cam, y se fundó un próspero puerto comercial.

Los normandos construyeron fortificaciones en Castle Hill en el año 1068 para defender al pueblo del rebelde Hereward the Wake, con base en la cercana Ely. El pueblo tomó el nombre de Cantebrigge, que acabaría convirtiéndose en Cambridge. No está claro cuándo cambió el nombre del río, pero se supuso que el nombre de la ciudad significaba "puente sobre el río Cam", con el que el río obtuvo su nuevo título.

De no haber sido por las revueltas en la ciudad universitaria de Oxford, la historia de Cambridge habría sido totalmente distinta. En 1209 llegaron muchos estudiantes, huyendo de las matanzas. Peterhouse fue el primer colegio fundado, en 1284. Lo siguieron Clare, Pembroke, Gonville y Corpus Christi. El pueblo cambió considerablemente durante la época de los Tudor, a medida que surgían nuevos colegios. Al igual que en Oxford, hubo problemas entre los estudiantes y los habitantes del pueblo por culpa de los derechos especiales de la universidad. La situación se fue haciendo tensa hasta principios del siglo XIX, cuando se abolieron la mayoría de los privilegios de la universidad.

La llegada del ferrocarril, en 1845, ayudó a que aumentara la prosperidad del pueblo. El estatus de ciudad le fue concedido en 1951, cuando la reputación de sus científicos subía como la espuma. La ciudad ha atraído a cientos de empresas científicas y el Cambridge Science Park, estrechamente vinculado con la universidad, es uno de los centros tecnológicos más grandes de Europa.

Plaza

La plaza del mercado se encuentra en el corazón de la zona principal de tiendas. Al sur está Lion Yard, un centro comercial moderno, mientras que en Sidney Street y St Andrew's Street podemos encontrar las tiendas más conocidas. Es posible encontrar tiendas independientes en calles más pequeñas, como Rose Crescent, Green Street, St Mary's Passage y Bene't Street. Verá calles con nombres como Market Hill y Peas Hill, pero no se deje engañar: son tan planas como el resto del centro de la ciudad. Cuando se fundó un asentamiento sajón hace 1.500 años, las viviendas se construyeron por encima de los pantanos circundantes.

El mercado

En esta enorme plaza hay un mercado seis días a la semana. En él se puede comprar casi de todo: desde frutas y verduras hasta antiguos vestidos de baile. Los domingos es el turno del mercado de los granjeros y de los puestos de antigüedades, artesanía y manualidades. Esta parte de la ciudad es uno de sus puntos principales desde la marcha de los romanos, allá por el 400 d.C. Aquí estaba el lugar medieval de reunión de gremios, la prisión, el cepo y la picota. El ayuntamiento actual fue construido en 1937.

La plaza del mercado

St Mary the Great

Conocida cariñosamente como la Gran Santa María, esta edificación del gótico tardío que domina la plaza se considera la principal iglesia universitaria y de la ciudad. Hasta la construcción en el siglo XVIII de Senate House, la Gran Santa María se usaba para todas las ceremonias universitarias. La iglesia dispone de un campanario con 12 campanas y de acceso público a la torre (123 escalones), desde la que es posible disfrutar de maravillosas vistas de la ciudad. Enfrente de la Gran Santa María, cruzando St Mary's Street, se encuentra una librería de Cambridge University Press. Se dice que el edificio se construyó en el mismo lugar que la librería más antigua de Gran Bretaña, abierta en 1581.

Rose Crescent

En el edificio que hace esquina con Rose Crescent y Market Hill se encontraba Bacon's, una tabaquería muy famosa. En el muro hay una placa con la *Oda al tabaco*, del poeta Charles Stuart Calverley, que estudió en Christ's College a mediados del siglo XIX.

Santa María la Grande

CALVERLEY'S ODE TO TOBACCO
(WRITTEN AT CAMBRIDGE IN 1862)

Placa en Rose Crescent

THIS DISK

marks the datum point

from which in 1725 William Warren,

Fellow of Trinity Hall, began to measure

the one mile points along the roads from

Cambridge, at which were then set up

the first true milestones in Britain

since Roman times.

Punto central

Si mira a la derecha de la puerta oeste de Santa María la Grande, observará un círculo tallado en la piedra. Fue realizado en 1732 y es el punto de referencia que marca el centro de la ciudad, así como el lugar desde el que se miden todas las distancias desde Cambridge.

Great Court del Trinity College

Trinity Street

Edificios altos y antiguos, con muchas tiendas exclusivas, flanquean esta callejuela. Trinity Street, que se abre a la amplia magnificencia de King's Parade, lleva a algunos de los mejores colegios de Cambridge.

Trinity Street

Gonville and Caius College

Este colegio, fundado en 1348, tiene tres puertas que simbolizan las etapas de la vida de un estudiante. En la entrada se encuentra la Puerta de la Humildad, mientras que la Puerta de la Virtud lleva a una gran sala. La Puerta del Honor marca la etapa final de la vida del estudiante y se abre el día en que se licencian. Este colegio se llàmà Caius (pronunciado como la palabra inglesa keys), en honor al médico John Kees, que volvió a fundarlo en 1557.

Carrera contrarreloj

El Great Court del Trinity College fue el escenario de la famosa carrera de la película *Carros de fuego*. En 1927, David Burghley corrió alrededor del perímetro del claustro antes de los 24 repiques del reloj durante las campanadas de mediodía. Durante 80 años, lord Burghley fue el único hombre con reconocimiento oficial de haber vencido al reloj, hasta que el estudiante Sam Dobin repitió la misma hazaña en octubre de 2007.

Puerta del Honor, Gonville and Caius

Michaelhouse Centre

Aunque ahora es un ambientado café, una sala de exposiciones y un centro de enseñanza, esta iglesia era la capilla de un colegio llamado Michaelhouse, que se unió con King's Hall en 1546 para convertirse en Trinity College. Es un lugar muy popular en Cambridge para tomar un café o almorzar. Hay un antiguo fresco en el baño de señoras y una lápida en el de caballeros.

Trinity College

Los aspirantes al premio Nobel deberían intentar ingresar en el College of the Holy and Undivided Trinity, del que ya han salido 31 ganadores del prestigioso galardón. El colegio más grande de Oxford y Cambridge, Trinity fue fundado por Enrique VIII semanas antes de morir. Su estatua de la puerta principal sostiene la pata de una silla desde hace más de 100 años, cuando los estudiantes la cambiaron por el cetro original. Isaac Newton calculó la velocidad del sonido en el claustro del Nevile Court. Lo hizo impactando con el pie en el suelo y cronometrando el eco. La biblioteca Wren abre al público un tiempo muy reducido la mayoría de los días.

All Saints Passage

La iglesia que daba su nombre a esta calle fue demolida hace más de 100 años, pero su jardín sigue teniendo un lugar importante en las ferias de artesanía.

St John's College

St John's College

Admire la espléndida entrada con los dorados eales (bestias mitológicas) que sujetan el escudo de armas de lady Margarita Beaufort, fundadora del colegio y madre de Enrique VII. Una serie de patios de gran belleza llevan al puente Kitchen. El Puente de los Suspiros, famosa construcción neogótica, también cruza el río en este punto. St John's fue el colegio que organizó el primer desafío de remo entre Oxford y Cambridge, en 1829.

The Backs

La primavera es la mejor época para caminar por the Backs, la zona que queda entre los seis colegios del río y Queen's Road. Es en esta época cuando las zonas verdes, con sus rebaños, sus sombreados paseos arbolados y sus prados, son más bellas gracias a los narcisos, acónitos, anémonas y jacintos silvestres que cubren el suelo. Esta zona, antiguamente denominada "Backsides", está dividida, y cada parte pertenece al colegio con el que limita.

Puente de Garret Hostel

Garret Hostel Bridge

Trinity Lane, estrecha y dominada por los altos edificios de Caius College a la izquierda y Trinity a la derecha, se ensancha a medida que alcanza Garret Hostel Lane. Cuidado con los ciclistas, que aparecen rápidos y silenciosos en la cima de la pendiente. Hay una estación de bateas junto al puente y verá a mucha gente disfrutando del río. Se puede ver St John's más allá del Trinity College.

Trinity Hall

Trinity Hall fue fundado en 1350 por el obispo Bateman de Norwich, preocupado por los efectos que la peste negra tuvo entre abogados y religiosos. A día de hoy, Trinity Hall es conocido como el colegio de los abogados. Su capilla, la más pequeña de Cambridge, muestra el escudo de armas de Stephen Gardiner, dos veces decano del colegio, obispo de Winchester y poderoso estadista del siglo XVI.

Pise con cuidado

El "Puente Matemático", que une los edificios a cada lado del río, se construyó usando pernos y tornillos, a pesar de la leyenda. Sin embargo, sí que tiene una apariencia curiosamente frágil.

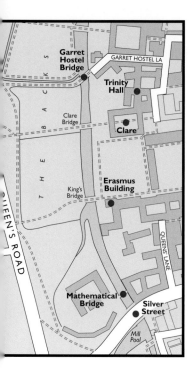

Fellows' Garden, Clare

Clare College

Es preciso disfrutar de la avenida que lleva a Clare, poblada de árboles y pasando por el puente más antiguo de la ciudad. Si Fellows' Garden está abierto, disfrute de sus arriates con hierbas bicolores y del antiguo árbol de Judas. Clare, fundado en 1326, es el segundo colegio más antiguo de Cambridge, después de Peterhouse. En sus primeros años sufrió graves dificultades económicas, hasta que llegó la adinerada lady Isabel de Clare para salvarlo y lo volvió a fundar, con gran cantidad de recursos financieros, en 1338. El escudo de armas de Clare, con su cinta negra de duelo decorada con lágrimas, refleja la triste vida amorosa de lady Isabel: perdió tres maridos antes de cumplir 28 años.

Erasmus Building y Silver Street

Continuando por the Backs, podrá admirar la famosa vista de la capilla de King's College y maravillarse con las firmes líneas del Edificio Erasmo, más moderno, diseñado por sir Basil Spence en 1960, en el límite fluvial de Queens' College (consulte la página 10). Cuando llegue a Silver Street, verá el famoso Puente Matemático y, al otro lado de la calle, Mill Pond, donde los turistas suelen alquilar bateas para explorar el río Cam.

Escudo de armas, Clare

Clare College y capilla del King's College

Queens' Lane

Tanto el nombre de esta tranquila calle como el del colegio que la preside derivan no de una, sino de dos reinas. Margarita de Anjou, esposa de Enrique VI, e Isabel Woodville, reina junto a Eduardo IV y madre de los dos príncipes asesinados en la Torre de Londres, estuvieron implicadas en la fundación de Queens' College. Esta calle está rodeada de colegios: Queens' a la izquierda, St Catharine's a la derecha y King's al final.

Queens' College

Antigüedad y modernismo se unen: el Edificio Erasmo, construcción del siglo XX (consulte la página 9), y el cemento blanco de Cripps Court contrastan con el medieval Old Court, donde se encuentran la capilla, la biblioteca y el comedor. No pase por alto el reloj solar y lunar del siglo XVIII, casi único en el mundo. La torre de Erasmo en Pump Court se erigió en honor del filósofo holandés que enseñó griego en este colegio a principios del siglo XVI. Se dice que no apreciaba el clima ni el vino, pero que no tenía ningún problema con las mujeres locales.

St Catharine's College

La rueda de la puerta es el emblema de la santa del siglo III, que escapó de la crucifixión en una rueda cuando ésta se derrumbó al tocarla. La pobre Santa Catalina, que convirtió a muchos al cristianismo, fue decapitada más tarde por su credo. El estudiante más joven de la historia de Cambridge, William Wotton, entró en este colegio con sólo nueve años, en 1675. John Addenbrooke, que también estudió aquí y fundó el famoso hospital, está enterrado en la capilla.

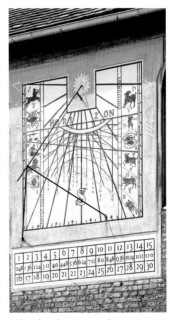

Reloj solar y lunar, Queens'

Puerta de St Catharine's

Museo Fitzwilliam

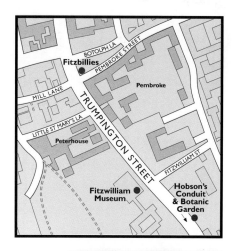

Un corto paseo por Trumpington Street le acabará llevando a uno de los museos más importantes del mundo: el Fitzwilliam. Por el camino observará la insignia en art déco de la famosa pastelería Fitzbillies. Tras un paseo de 10 o 15 minutos o un trayecto muy corto en autobús (tome el servicio Park and Ride de Trumpington) llegará al jardín botánico de la Universidad.

Fitzbillies
Esta antigua cafetería y pastelería de Cambridge es famosa por sus brioches de Chelsea, que se exportan a todos los rincones del mundo.

Fitzwilliam Museum
La ampliación del patio, acabada en 2004, ofrece más instalaciones para los visitantes y más espacio para mostrar su maravillosa colección de cuadros, dibujos y grabados. Otras colecciones incluyen esculturas, plata, telas, vidrios, antigüedades y monedas. Fuera podrá admirar el techo tallado del pórtico principal y los leones a ambos lados de las escaleras.

Fitzbillies

Hobson's Conduit
Esta fuente proporcionó agua limpia a la ciudad durante 250 años, cuando se encontraba en el mercado. Fue una donación del empresario y filántropo Thomas Hobson, que pagó para traer el agua desde los arroyos de Great Shelford.

¡Vaya!

Tres jarrones de porcelana de la dinastía Qing, de incalculable valor, se rompieron en más de 400 piezas cuando un visitante, al tropezar con los cordones de sus zapatos, los tiró por las escaleras del museo Fitzwilliam a principios de 2006. Se mostraban en un nicho de las escaleras.

Botanic Garden
El profesor J.S. Henslow, el maestro que inspiró a Charles Darwin, construyó este espléndido jardín. Su colección de plantas es insuperable y posee preciosos arriates de plantas perennes, estanques, zonas húmedas, invernaderos y un innovador laberinto de setos.

Museo Fitzwilliam

Trumpington Street

A algunos de los colegios más antiguos de Cambridge se llega atravesando esta transitada calle, que probablemente reciba su nombre de alguna vieja granja. St Botolph's, una tranquila iglesia con un bello jardín, marca el límite meridional del centro histórico de la ciudad.

Peterhouse

Aunque es el colegio más antiguo (fundado en 1284), del original sólo queda la sala principal. Con sus muchas restauraciones, sus ventanales son del periodo prerrafaelita, de William Morris, Edward Burne-Jones y Ford Madox Brown. La capilla fue construida cuando Mathew Wren (tío de Christopher) era decano, en 1628. Muchas vidrieras fueron destruidos por los roundheads parlamentarios en 1634, aunque aún es posible ver el ventanal este original, que entonces estaba oculto. Mucho más tarde, el uso de la tecnología de Peterhouse (fue el primer colegio en instalar electricidad) causó una revuelta cuando la suciedad que desprendía el generador manchó la ropa tendida de las lavanderas locales en el cercano Laundress Green.

Peterhouse

Capilla, Pembroke

Pembroke College

Mathew Wren, obispo de Ely, capellán del rey Carlos I y monárquico acérrimo fue Fellow de Pembroke College. Cromwell lo encarceló en la Torre de Londres durante 18 años. Cuando fue liberado, encargó a su sobrino, Christopher, la construcción de una capilla en su antiguo colegio. Ésta es la primera obra del joven arquitecto. Fue consagrada en 1665. Fuera de la biblioteca verá una estatua de William Pitt el Joven, que sólo tenía 14 años cuando llegó a Pembroke, en 1773. Con sólo 24 años fue nombrado primer ministro. Fue entonces cuando introdujo el impuesto sobre la renta como medida temporal.

Pitt el Joven, Pembroke

St Botolph's Church

Esta espaciosa iglesia es donde los viajeros venían a rezar para pedir un buen viaje. Las cuatro campanas no han sufrido ninguna variación desde que se forjaran en el año 1420. Además, la fuente medieval tiene una inusual cubierta de madera del siglo XVII.

Bien oculto

La mayoría de los colegios dieron su plata al rey o al Parlamento durante la guerra civil inglesa; sin embargo, Corpus dedicó su plata al cuidado de sus Fellows, a los que se les dio permiso para ausentarse, llevando con ellos la vajilla de plata. Por ello, Corpus Christi ahora tiene la mejor colección de plata prerreformista de la ciudad.

Corpus Christi College

Éste es el único colegio de Cambridge fundado por habitantes de la ciudad. Los miembros de los gremios del Corpus Christi y de la Virgen María Bendita, en el siglo XIV, querían que alguien rezara por ellos, así que fundaron este colegio para que los estudiantes se formaran académicamente y rezaran por siempre por las almas de los miembros de los gremios. Su colección de libros, de incalculable valor, incluye los salmos de Thomas Becket y la copia del rey Alfredo de la *Crónica anglosajona*. El colegio tiene mucho que agradecerle a Matthew Parker, arzobispo de Canterbury y decano entre 1544 y 1553, que salvó muchos libros de su destrucción durante la disolución de los monasterios, bajo el mandato de Enrique VIII.

Corpus Christi College

Museos universitarios

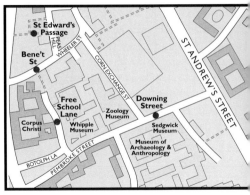

Muchos de los museos universitarios, usados como apoyo a la enseñanza, se encuentran en la zona de Downing Street y están abiertos al público. La entrada es gratuita en todos ellos, aunque es conveniente comprobar los horarios de apertura antes de ir. Encontrará los números de teléfono en la página 30.

Downing Street

Esta calle y su colegio adyacente reciben su nombre de sir George Downing, cuyo abuelo construyó la residencia del primer ministro en Downing Street, Londres. Cuando por fin se fundó el colegio en 1800, tras décadas de batallas legales, las tierras vendidas para pagar el edificio se convirtieron en Downing Site, propiedad de la universidad, con varios museos y laboratorios. Aquí se encuentra el Museo de Arqueología y Antropología, con sobresalientes colecciones de todo el mundo, y el Museo Sedgwick de Ciencias Terrestres, que alberga a "Big Meg", una reconstrucción peluda de la araña más grande del mundo (consulte la página 30). Al otro lado de la calle, sobre la entrada del Museo de Zoología se extiende el esqueleto de una enorme ballena.

El origen de los especímenes

Muchos de los especímenes del Museo de Zoología fueron enviados aquí por Charles Darwin, que los coleccionó en sus viajes a bordo del HMS *Beagle*. Darwin consiguió enfadar a su antiguo profesor Adam Sedgwick (cuya colección de fósiles se encuentra en el Museo Sedgwick) con sus teorías de la evolución.

Museo de Zoología, Downing Street

Free School Lane

Aquí encontrará la entrada al Museo Whipple de Historia de la Ciencia, con una colección de instrumentos y modelos que abarca siglos, expuestos en una imponente sala. También en esta calle se encontraba el laboratorio Cavendish, en el que Ernest Rutherford trabajó en la estructura del átomo y en el que Cockcroft y Walton lo desintegraron. James Watson y Francis Crick, dos de los científicos que descubrieron la estructura de doble hélice del ADN también trabajaron aquí. El laboratorio se trasladó a un campus en las afueras en 1974.

The Eagle, Bene't Street

St Edward's Passage

St Edward's Passage

Dos excelentes librerías, dos
buenos cafés y una minúscula
iglesia rodeada por un jardín
muy cuidado se encuentran
en esta callejuela tortuosa
que conecta Peas Hill con
King's Parade. La iglesia de
St Edward, Rey y Mártir,
está dedicada al rey sajón
Eduardo, que sólo tenía
15 años cuando fue asesinado
en 987 en el castillo de Corfe,
al parecer por su madrastra,
Elfrida, madre de Ethelred
el Impreparado.

Iglesia de San Bene't

Bene't Street

El pub llamado The Eagle, en el que los pilotos de la segunda
guerra mundial grababan mensajes con sus mecheros en el
techo bajo antes de ir a la batalla, está lleno de historia: los
mensajes aún siguen ahí. Una placa en el muro conmemora a
los científicos del laboratorio Cavendish que descubrieron la
estructura del ADN en 1953. La pequeña iglesia anglosajona de
San Bene't (abreviación de Benedict) tiene la torre más antigua
del país (probablemente construida en 1025) y fue aquí donde
Fabian Stedman inventó el arte de tañer las campanas.

King's College

Éste es el colegio más conocido de Cambridge. Fue fundado como el College of St Nicholas en 1441, aunque se completó siglos más tarde. Su capilla, construida aproximadamente 200 años antes que el resto del edificio, es famosa en todo el mundo porque desde ella se transmite, desde 1928, el festival de Nochebuena de nueve lecciones y villancicos.

La fundación

Enrique VI, que tenía 19 años en 1441, decidió construir un pequeño colegio para que 12 estudiosos de su otra fundación, Eton, completaran su educación. Construyó Old Court, que ahora forma parte de Old Schools, junto a Senate House, antes de optar por un plan más grandioso, con una magnífica capilla. Se liberó un gran espacio en el centro de la ciudad medieval. Luego llegó la Guerra de las Rosas, que destronó a Enrique en 1461, con lo que la mayoría de la zona permaneció vacía durante casi 300 años.

King's College Chapel

El trabajo continuó con los siguientes monarcas, hasta que Enrique VII dejó dinero al maestro constructor John Wastell para que acabara el trabajo. La compleja y bella bóveda de abanico, la más grande del mundo, se construyó en tres años a partir de 1512, y se cree que Wastell fue el maestro de obras responsable. Cada una de las claves del tejado, que alternan rosas de los Tudor y rastrillos, pesa una tonelada. Enrique VIII donó la pantalla de roble tallado y las magníficas vidrieras realizadas por artesanos ingleses y flamencos durante 30 años. En los laterales encontramos escenas del Antiguo y el Nuevo Testamento y el ventanal este muestra la Pasión de Cristo. Sobre la entrada se encuentran las letras "H" y "A" enlazadas, en honor a Enrique y a Ana Bolena, su segunda mujer.

La capilla de King's College

Coro de la capilla

Si ve una fila de niños ataviados con sombreros de copa y chaquetas de Eton merodeando la capilla, recuerde que son los niños del coro, que frecuentan la escuela del King's College y cantan con los 14 estudiantes que forman parte del coro. Los detalles de los servicios corales se encuentran en la puerta principal del colegio.

Villancicos

Techo con bóveda de abanico

El colegio

La capilla se terminó en 1536 y se quedó sola en su esplendor hasta que comenzaron los trabajos del edificio de los Fellows, en 1724. Otro siglo más tarde, William Wilkins diseñó la parte sur neogótica, con la sala principal, la biblioteca, la pantalla de piedra y la entrada. La fuente con la estatua de Enrique VI tomó un lugar de honor en el patio delantero en 1879, más de 400 años después de que el monarca concibiera su plan.

La universidad

"¿Dónde está la universidad?", suelen preguntar los turistas, confundidos por la gran cantidad de edificios. La universidad está en todas partes: con sus aulas, bibliotecas y laboratorios repartidos por toda la ciudad. Los estudiantes viven y trabajan en 31 colegios, de los que muchos superan los 700 años de antigüedad.

Los colegios

Los estudiantes reciben clases en sus colegios en grupos muy reducidos, conocidos como "supervisiones". Estos colegios, totalmente autónomos, seleccionan a sus estudiantes y son responsables de su bienestar. En la mayoría de los casos hay un decano que dirige el colegio y las personas con más antigüedad en la enseñanza o la administración reciben el título de "Fellows". Todos los estudiantes pasan a ser miembros de sus colegios.

Funcionamiento

La universidad es responsable de las clases, los laboratorios y otros elementos prácticos, y proporciona instalaciones compartidas por todos los estudiantes. Se encarga de más de 60 bibliotecas especializadas, la Biblioteca General y de muchos otros edificios de enseñanza e investigación, incluido el galardonado Centro de Ciencias Matemáticas de Clarkson Road.

Licenciados de Cambridge

Centro de Ciencias Matemáticas

Old Schools y Senate House

El edificio Old Schools, junto a King's College y frente a la iglesia de la Gran Santa María, es sede de la administración central de la universidad; por su parte, Senate House, junto a Old Schools, es donde se decide la política de la universidad y donde los estudiantes reciben sus títulos, otorgados por la universidad.

Cómo sucedió

En 1209, algunos profesores y estudiantes llegaron a Cambridge buscando un lugar en el que estudiar, tras huir de Oxford, donde las revueltas y persecuciones les estaban haciendo la vida imposible. Sólo 50 años después ya había un rector, estatutos y escuelas de arte y de estudios teológicos. Los alojamientos estaban en mal estado, así que se dotaron salones y en 1284 se fundó el primer colegio, Peterhouse. En 1352 ya se había fundado Clare College, Pembroke, Gonville and Caius (entonces sólo se llamaba Gonville), Trinity Hall y Corpus Christi.

Relieve en Magdalene

Trinity College

El taburete

Todos los exámenes de Cambridge fueron orales hasta finales del siglo XVIII. Los estudiantes debatían sobre un tema mientras el examinador escuchaba sentado en un taburete de tres patas llamado "tripos". De ahí viene la costumbre de llamar tripos a los exámenes escritos.

Qué enseñaban

La mayoría de los colegios comenzaron como escuelas teológicas. Sin embargo, a mediados del siglo XVIII, bajo la influencia de sir Isaac Newton, la asignatura principal pasó a ser las matemáticas. Newton, que estudió en Trinity, fue profesor Lucasiano de matemáticas en Cambridge durante 33 años. En el siglo XIX se introdujeron estudios clásicos, ciencias naturales e ingeniería. Hoy en día, la universidad ofrece más de 40 carreras.

Vida estudiantil

Los estudiantes viven y estudian en antiguos edificios, pero la vida universitaria ahora es más relajada que hace algún tiempo. Ahora tienen total libertad para entrar y salir cuando les apetezca y ya no tienen que llevar las togas por la ciudad.

Bridge Street

Bridge Street

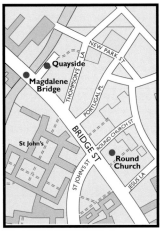

En esta calle es posible ver muchos de los restos de la Cambridge del siglo XVI, en la que los pisos superiores de los edificios sobresalen de la planta inferior. Cuando se hacen excavaciones en esta zona, a menudo se encuentran antiguos troncos dejados por los romanos para cruzar esta antigua zona pantanosa.

Round Church

Este distintivo edificio normando es el más antiguo de los cuatro que hay en el país construidos siguiendo el estilo de la Iglesia del Santo Sepulcro en Jerusalén. De hecho, su nombre oficial deriva de ésta, aunque se la conoce como Iglesia Redonda. Se construyó después de la Primera Cruzada en 1130. Ya no se celebran oficios religiosos en ella, pero Christian Heritage Cambridge la abre todos los días para exposiciones y conciertos.

Magdalene Bridge y Quayside

Los romanos construyeron un asentamiento al norte del río (consulte la página 24) después de cruzarlo por este punto, al borde del terreno pantanoso. El primer gran puente, construido en torno al año 750 d.C., tuvo que ser sustituido varias veces. El actual, llamado puente de Magdalene, es del año 1823. Cambridge fue otrora un transitado puerto comercial: aquí era donde las naves cargaban y descargaban sus mercancías. Río arriba, a la izquierda, es posible ver unos modernos edificios que pertenecen a St John's College. A la derecha hay una estación de bateas y Quayside, un conjunto de apartamentos, tiendas y restaurantes.

Iglesia Redonda

Bateas

Mill Pool

Puente Clare

Capitanee una batea ev ...

Mill Lane, Quayside y el puente de Garret Hostel.

El estilo de Cambridge

En Oxford, donde también hay bateas, lo normal es quedarse en el interior, en la parte trasera. Las bateas de Cambridge tienen el fondo plano, así que, como es obvio, hacerlo al estilo de Oxford es un error. Si le preocupa hacer el ridículo o, llevarse un chapuzón, quédese tranquilo: no hay mucha gente que sepa hacerlo bien.

Así se hace

Saque completamente la pértiga del agua antes de dejarla caer de forma vertical, cerca del lateral de la batea, hasta que note que ha tocado el lecho del río. Inclínela levemente hacia delante y empuje con firmeza, moviendo las manos a lo largo de ella. A medida que la batea se mueva hacia delante, gire la pértiga para liberarla y úsela como timón para dirigir la batea, antes de volver a empezar.

Cuando el río Cam estaba sucio y lleno de gabarras, nadie se dedicaba a la navegación por placer. Ahora el río, de nuevo limpio y relativamente poco transitado, es el lugar ideal para un poco de relax.

Embarcaciones funcionales

Las bateas se diseñaron sin quilla para que los cazadores y los segadores pudieran usarlas en terrenos pantanosos poblados de juncos. Más tarde se hicieron populares como embarcaciones de recreo. Muchos colegios tienen sus propias bateas y algunos estudiantes acaban dominando el arte de impulsar las bateas.

Magdalene Street

Esta calle medieval está enmarcada por edificios históricos que albergan tiendas, restaurantes y pubs. Una restauración en 2006 vio como las fachadas opuestas a Magdalene College se pintaban de tonos verdes, melocotón, naranjas o turquesas, dando unidad a las antiguas casas.

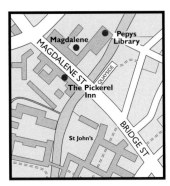

The Pickerel Inn

Aunque ahora es un pub muy popular entre turistas y gentes del lugar, en el pasado este infame edificio acogía un burdel, un fumadero de opio, un pub especializado en ginebra y una casa de postas.

The Pickerel Inn

Magdalene Street

Magdalene College

La "g" de Magdalene no se pronuncia y hay que cambiar el sonido de las vocales, así que el nombre de este colegio del siglo XV se pronuncia "modlin". Magdalene se considera un lugar algo exclusivo. Los comedores se iluminan con velas y los estudiantes aún llevan frac con pajarita blanca al Baile de Mayo. Cuando se fundó el colegio en 1428 con el nombre de "Monks' Hostel", las reglas explicaban que "los estudiantes de este colegio deben visitar las tabernas con menos frecuencia que los demás estudiantes". El nombre cambió por el de The College of St Mary Magdalene en 1542, cuando el barón Audley of Walden, canciller de Enrique VIII, lo volvió a fundar. Sus descendientes aún tienen el derecho de elegir al nuevo decano.

Biblioteca Pepys

Samuel Pepys estudió en Magdalene entre 1651 y 1654, y dejó esta importante biblioteca, en la que se incluye su famoso diario, a su antiguo colegio. Los 3.000 volúmenes, en principio, serían para su sobrino y, posteriormente, para Magdalene. El cronista estipuló que los libros deberían permanecer siempre juntos: no se podía añadir ni quitar ninguno. La colección se instaló en un edificio existente (conocido hoy en día como edificio Pepys) en Second Court, en 1724. Verá la inscripción "Bibliotheca Pepysiana 1724" sobre el arco central al entrar. Los volúmenes, se almacenan en el escritorio del propio cronista y en 12 armarios de roble rojo.

Magdalene College

Kettle's Yard y Folk Museum

Los romanos escogieron este terreno elevado para su asentamiento, al norte del río. Más tarde, los normandos construyeron aquí un castillo un par de años después de conquistar Gran Bretaña. Aunque la parte principal de la ciudad acabó estableciéndose más al sur, hay dos museos muy importantes en esta zona.

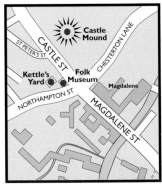

Castle Mound

No uno, sino dos castillos se erigieron en esta verde colina, aunque hoy en día quedan pocos restos de ellos. Guillermo el Conquistador construyó en 1068 un castillo de madera de estilo "motte-and-bailey" (montículo rodeado de una valla) que sirvió como castillo real y cárcel durante 200 años hasta que Eduardo I lo reconstruyera en piedra. Mucha de la piedra se aprovechó para la construcción de los colegios, y los restos del castillo fueron derruidos en 1842.

Castle Mound

Kettle's Yard

Esta casa es mucho más grande de lo que aparenta desde fuera y contiene una extraordinaria colección de arte expuesta de forma poco convencional. Llame a la puerta para que le dejen entrar y lo primero que verá será el recibidor de la casa que una vez fue el hogar del difunto Jim Ede, conservador de la Tate Gallery, y su esposa.

Ede tenía el don de reconocer y promover el talento artístico. Aunque no era un hombre rico, compraba (y a veces le regalaban) obras de jóvenes artistas que más tarde se convertirían en los grandes pintores y escultores de los comienzos del siglo XX.

Arte en Kettle's Yard

Ninguna obra está marcada. Además, puede sentarse a disfrutar de cuadros colgados en sitios extraordinarios o admirar obras de Lucy Rie,

Constantin Brancusi, Barbara Hepworth y Bernard Leach colocadas sobre muebles. Podrá caminar a su antojo por los dormitorios y baños de Ede, todos ellos decorados con cuadros. El desván está dedicado a los dibujos de Henri Gaudier Brzeska y en el piso de abajo hay cuadros de Ben y Winifred Nicholson, Alfred Wallis y David Jones. El edificio contiguo está ocupado por la Kettle's Yard Gallery, con exposiciones conciertos y charlas.

Kettle's Yard

Cambridge and County Folk Museum

The White Horse Inn ha servido buena cerveza a los habitantes de Cambridge durante 300 años. Hoy en día, el antiguo edificio con estructura de madera de Castle Street funciona como museo de tradiciones locales. Las colecciones se iniciaron en 1935, cuando los habitantes de Cambridge, preocupados por el cambiante estilo de vida, dedicaron su tiempo a la creación del museo. Florence Ada Keynes, escritora de éxito, reformadora social, una de las primeras mujeres en licenciarse en Newnham College y madre del

Museo de tradiciones locales

economista John Maynard Keynes, se encargó de dirigir el museo hasta su muerte a los 96 años, en 1958. La colección hoy cuenta con más

de 30.000 objetos, fotografías y documentos y, además, en el museo se celebran talleres, actividades infantiles y cursos de formación para adultos.

Jesus Green

Esta área, que limita al norte con el río Cam y posee un imponente paseo de plátanos de sombra centenarios, es uno de los tesoros ocultos de Cambridge.

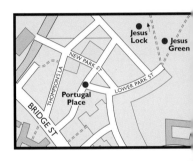

Portugal Place

Hace tiempo, Cambridge estaba llena de callejuelas como ésta: bien conservada y con casas de los siglos XVIII y XIX. Cuando los grandes buques comerciales atracaban en el muelle cercano, solían traer grandes cantidades de oporto para los colegios (de ahí su nombre).

Jesus Green

El enorme parque junto al río que se encuentra detrás de Jesus College es un lugar de reunión para los habitantes de Cambridge en los días cálidos de verano. Vienen a jugar al tenis y a bañarse en uno de las pocas piscinas al aire libre que quedan en Inglaterra. Aquí puede hacer un picnic junto al río o, simplemente, sentarse a disfrutar de la tranquilidad. La piscina, que se encuentra junto al río Cam, ya tiene 84 años, cuenta con el resguardo de inmensos árboles y, además, es la más amplia y larga de Inglaterra.

Jesus Lock

Construida en 1836, es la única esclusa del río Cam. Verá barcazas y embarcaciones de recreo amarradas aquí. También hay un puente peatonal para cruzar el río.

Jesus College

Portugal Place

Dialecto de Cambridge

El río Granta ahora es sólo un afluente del Cam, pero hubo una época en la que todo el río se llamaba así. Nadie está seguro de cuándo cambió el nombre, pero la palabra "Granta" se repite constantemente en Cambridge.

St Andrew's Street

Hay tres colegios en la parte norte de esta concurrida calle comercial. Christ's y Emmanuel tienen unos jardines especialmente bonitos y Oliver Cromwell estudió un año en Sidney Sussex, durante el curso 1616–17. Su cabeza está enterrada en alguna parte de la capilla.

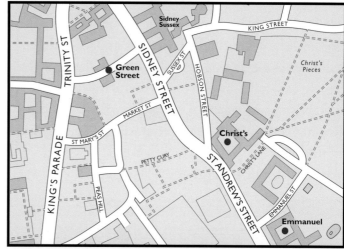

Christ's College

Se fundó un pequeño colegio llamado "God's-house" para formar profesores, pero se perdió cuando se despejó el terreno para construir el King's College. Lady Margarita Beaufort, madre de Enrique VII, decidió fundar un colegio que lo sustituyera, en honor a Jesucristo (de ahí su nombre). Éste es el motivo por el que puede ver sus armas con sus eales mitológicos en la puerta, al igual que en la de su otra fundación, St John's. Fellows' Garden, creado en el siglo XIX, tiene colmenas, una piscina para bañistas y una morera.

Emmanuel College

John Harvard, que después partió rumbo al oeste para fundar la primera universidad americana, estudió aquí. Hay una placa conmemorativa en la capilla, que es obra de Christopher Wren. El parque de Emmanuel College es impresionante, con un herbario, un estanque y arriates muy cuidados.

Christ's College

Green Street

Recibe su nombre de su antiguo terrateniente. En esta callejuela hay muchas tiendas independientes e inusuales.

Green Street

Vivir en Cambridge

Cambridge es una pequeña ciudad cuyo carácter especial se ha desarrollado gracias a la implicación de la universidad en la vida ciudadana. Calles llenas de comercios serpentean entre los colegios mientras que los habitantes del lugar, los estudiantes y los turistas disfrutan de las bateas en el río Cam. Es posible encontrar información completa y actualizada en la Oficina de Información Turística (consulte la página 30).

Bumps

En las competiciones de remo, los distintos equipos se ponen en fila a lo largo del río. Tras la señal, se persiguen unos a otros río arriba. Cuando un equipo golpea al que tiene delante, éste se hace a un lado. Al día siguiente, los equipos que hayan sido golpeados cambian de posición y se repite la competición. Después de cuatro días, los mejores equipos se enfrentan por ser "cabezas del río".

"Bumps" universitarios

Competiciones de remo

Las competiciones de remo llamadas "bumps" se celebran en marzo, junio y julio. En ellas compiten los colegios. La regata anual que se celebra contra la otra gran ciudad universitaria, Oxford, tiene lugar en el río Támesis, en Londres, alrededor de Semana Santa. Cambridge lanzó el primer desafío en 1829. En esta ocasión ganó Oxford, que competía más cerca de casa.

Semana RAG

Si se cruza con estudiantes en pijama o esposados, seguro que participan en algún acontecimiento RAG ("raising and giving" – recaudar y dar). La semana RAG de Cambridge recauda más de 165.000 libras para fines benéficos. Abarca actividades como visitas en pijama a los pubs, subastas y caminar sobre ascuas.

Festivales

La fiesta anual más antigua es la Gran Feria de junio, que se celebra desde hace más de 800 años en la zona de Midsummer Common. Otra fiesta muy popular es el Festival de la Cerveza de mayo, en Jesus Green, en el que se montan tiendas, casetas y kioscos, aunque la mayoría de los pubs locales también participan de alguna manera. La Semana Nacional de la Ciencia, en marzo, da lugar a multitud de acontecimientos y sedes por toda la ciudad y, a pesar de estar organizada por la universidad, tiene mucha aceptación local. En julio se celebra el famoso Festival Folk de Cambridge, en Cherry Hinton Hall, al sur de la ciudad. Músicos de todo el mundo vienen a Cambridge para actuar ante un público que aumenta año tras año.

Festival Folk de Cambridge

Bailes de Mayo

Los turistas encontrarán que muchos colegios sólo abren esporádicamente durante mayo y principios de junio, cuando los estudiantes están de exámenes. A mediados de junio, los patios y jardines de la mayoría de los colegios se transforman para que los que ya han terminado los exámenes pasen la noche de sus vidas. Se disponen atracciones, barras de champán, pistas de baile, pabellones y toldos para que los jóvenes bailen y disfruten durante toda la noche. Lo más extraño es que esa "Semana de Mayo", cuando los Bailes de Mayo tienen lugar, se celebra en realidad en el mes de junio.

Estudiantes volviendo de un Baile de Mayo

Información

ℹ️ Oficina de Información Turística

The Old Library, Wheeler Street, Cambridge CB2 3QB
tel: +44 (0) 906 586 2526
www.visitcambridge.org

♿ Programa Shopmobility

Uso gratuito de ciclomotores y sillas de ruedas manuales y eléctricas para aquellos que lo necesiten. Llame antes para reservar.
Piso 5, Lion Yard Car Park
tel: +44 (0) 1223 457452
Piso 4, Grafton Centre East Car Park
tel: +44 (0) 1223 461858

Museos y galerías

Muchos museos tienen horarios de apertura muy restringidos: asegúrese antes de ir.

Instituto de Investigación Polar Scott
+44 (0) 1223 336540, www.spri.cam.ac.uk

Jardín botánico
+44 (0) 1223 336265,
www.botanic.cam.ac.uk

Kettle's Yard
+44 (0) 1223 748100,
www.kettlesyard.co.uk

Museo de Arqueología y Antropología
+44 (0) 1223 333516, www.maa.cam.ac.uk

Museo de tradiciones locales de Cambridge y el condado +44 (0) 1223 355159, www.folkmuseum.org.uk

Museo Fitzwilliam +44 (0) 1223 332900, www.fitzmuseum.cam.ac.uk

Museo Sedgwick +44 (0) 1223 333456, www.sedgwickmuseum.org

Museo Whipple de Historia de las Ciencias +44 (0) 1223 330906, www.hps.cam.ac.uk

Museo de Zoología +44 (0) 1223 336650, www.zoo.cam.ac.uk/museum

Visitas turísticas

Es posible obtener información acerca de las siguientes visitas turísticas, y de muchos otras, en la Oficina de Información Turística.

Los guías Blue Badge Guides realizan recorridos diarios que parten de la Oficina de Información Turística. Los viernes por la tarde se suele organizar una caza de fantasmas guiada.

Es posible alquilar bateas (consulte la página 21) en Mill Lane, Quayside y el puente de Garret Hostel.

Hay autobuses turísticos descubiertos que hacen un recorrido circular por la ciudad. Es posible subirse a ellos en muchos puntos. Los billetes se pueden comprar en el mismo autobús o en la Oficina de Información Turística.

Big Meg, Museo Sedgwick

Museo de tradiciones locales de Cambridge y el condado

Índice de lugares

Trinity College

Clare College

Das Fitzwilliam-Museum

Portada: Jesus College
Contraportada: Museo de
Arqueología y Antropología

Reconocimientos
Fotografía © Pitkin Publishing
por Neil Jinkerson. Fotografías
adicionales con permiso
de: Alamy: 17ar.d. (Konrad
Zelazowski), 18ar. (aslphoto),
28 (Patrick Ward), 29ab. (Brian
Harris); Museo de tradiciones
locales de Cambridge y el
condado: 25ab.; The Provost
and Scholars of King's College
Cambridge: 17ab.; Rex Features:
17i., 29ar. (Geoff Robinson);
Museo Sedgwick: 30c.d.

Los editores quieren agradecer a
Frankie Magee de la Oficina de
Información Turística y a Cheryl
Cahillane de la capilla del King's
College por su ayuda durante la
preparación de esta guía.

Escrita por Annie Bullen; la
autora se reserva sus derechos
morales.
Edición de Angela Royston.
Diseño de Simon Borrough.
Investigación adicional de
imágenes de Jan Kean.
Planos de The Map Studio,
Romsey, Hants, RU; planos
basados en cartografía © George
Philip Ltd.
Traducción de Network
Languages – www.
networklanguages.com

Impreso en Reino Unido.
ISBN 978-1-84165-236-8   3/12

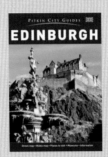

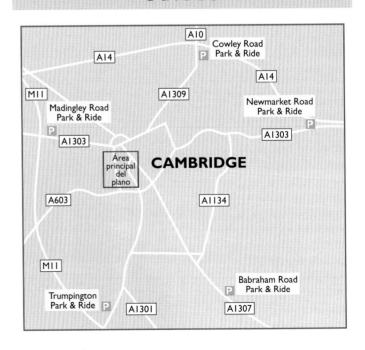